ATLAS MONDIAL
DE LA BIÈRE

ATLAS MONDIAL DE LA BIÈRE

MARIO D'EER

TRÉCARRÉ
Ⓠ QUEBECOR MEDIA

Catalogage avant publication de Bibliothèque et Archives Canada

D'Eer, Mario
    Atlas mondial de la bière
    Comprend des réf. bibliogr.
    ISBN 2-89568-273-9
    1. Bière - Dégustation. 2. Bière. 3. Bière - Histoire. I. Titre.
TP577.D4452 2005   641.2'3   C2005-940306-3

Révision linguistique : Martin Bélanger, Dörte Ufkes et Jasmin Braën
Correction d'épreuves : Michèle Constantineau
Conception graphique et mise en pages : Cyclone design communication inc.

Nous reconnaissons l'aide financière du gouvernement du Canada par l'entremise du Programme
d'aide au développement de l'industrie de l'édition (PADIE) pour nos activités d'édition ; du Conseil
des Arts du Canada ; de la SODEC ; du gouvernement du Québec par l'entremise du Programme de
crédit d'impôt pour l'édition de livres (gestion SODEC).

ISBN 2-89568-273-9

Dépôt légal : premier trimestre 2005
Bibliothèque nationale du Québec

Éditions du Trécarré, division de Éditions Quebecor Média inc.
7, chemin Bates
Outremont (Québec) Canada
H2V 4V7

2 3 4 5   07 06 05

Table des matières

1re PARTIE — *Aux sources du goût*

2e PARTIE — *Voyages aux pays des grandes bières*

Présentation

Ce livre est le reflet de mes acquis dans le monde de la bière. Il est le résultat d'une longue quête dans le but de mieux comprendre ce qu'est la bière. Pourquoi les bières belges ne goûtent-elles pas comme les bières allemandes ou britanniques ? Pourquoi en Angleterre sert-on les bières à la température de la pièce ?

Mon besoin de comprendre l'univers de la bière, les principaux styles, les références de base, m'ont conduit à marcher sur les sentiers tracés par les grands auteurs biérologues. L'approche que je propose comporte des grilles de visualisation des saveurs. Leur mode d'emploi est expliqué page 48. Prétexte à voyager et à investiguer, j'ai découvert un grand nombre d'informations précieuses. J'ai aussi constaté l'influence culturelle des auteurs. Plusieurs concepts sont vaguement définis ou encore reflètent une approche personnelle, ce qui contribue à situer la mienne : québécoise, francophone, nord-américaine. Je propose ainsi les bases d'un nouveau paradigme de la dégustation des bières en m'inspirant et en respectant l'origine des influences brassicoles. Une des dimensions qui m'a le plus perturbé pendant mes nombreuses recherches est l'incroyable facilité avec laquelle nous avons assimilé le mot ale à toutes les bières de fermentation haute. Cette acception ne se justifie ni historiquement ni géographiquement. Le style pilsener prend naissance non pas en République tchèque, mais bien en Allemagne ! Dans le pays slave, ce mot désigne plutôt une marque de commerce et non un style. Il est bien difficile de créer un style avec une seule bière. Par ailleurs dans l'Allemagne voisine, un grand nombre de bières s'inscrivent dans un style pilsener, imprimé sur leurs étiquettes. Il nous est alors possible d'en définir les caractéristiques. D'ailleurs pilsener est un mot allemand. Cet ouvrage soulève donc plusieurs questions et propose des options plus précises, basées sur l'héritage historique et géographique des grandes sources d'influence du monde de la bière.

La dégustation des bières représente un secteur de l'alimentation dont les paramètres sont vagues et fortement influencés par les traditions brassicoles. Plus un pays possède des traditions profondes, plus les styles qu'il présente sont faciles à définir. Même si je sais qu'il est possible de reproduire tous les types de bières partout dans le monde, j'ai constaté que les grands pays présentent des archétypes. Pourquoi ? Au-delà de ce que notre détaillant nous offre, l'héritage séculaire, les traditions et les préjugés définissent ce que chaque pays brasse. La nécessité d'établir des classifications répond à un besoin fondamental des consommateurs de se retrouver dans cet univers. Ce livre se concentre sur les inspirations originelles et propose un cadre de référence simple et accessible à tous.

Je présente quelques analyses basées sur la disponibilité des marques internationales ainsi que sur l'exemplarité de celles-ci dans leurs styles respectifs. Si la marque était bien documentée par d'autres auteurs, elle était naturellement favorisée. L'idée d'insérer des passages de mes collègues vise deux objectifs bien précis : d'une part offrir une information complète et relativisée par rapport aux produits présentés et, d'autre part, rassurer le lecteur sur le fait que tous ne perçoivent pas de la même façon les saveurs des produits présentés. Même les grands auteurs divergent ! Cette constatation ne signifie pas que la dégustation des bières est impossible. Comparons la bière à une statue et les auteurs-goûteurs aux projecteurs qui l'éclairent. Chacune de nos gorgées éclaire un peu mieux l'objet de notre contemplation.

J'espère que ce livre vous sera utile.

À la mémoire de Jean Rochon,
qui nous a offert ce succulent toast
lors de la fondation de l'Ordre de Saint-Arnould :

Que la bénédiction du grand saint Arnould soit sur nous.

Lui qui savait que son Maître avait changé l'eau en vin,

Savait aussi que si ç'avait été de la bière, c'eût été meilleur.

Qu'il nous donne soif et resoif,

Nous garde heureuses et heureux,

Et longue vie à son ordre béni.

Remerciements

L orsque je regarde les nombreuses photos de ce livre, les souvenirs jaillissent de ma mémoire comme une Weizenbier légèrement brassée avant d'être décapsulée. Je constate qu'il n'est pas le fruit d'un travail solitaire, mais d'une entreprise collective à laquelle plusieurs complices ont ajouté leurs gorgées aux miennes dans cette quête de mieux comprendre l'objet de ma pétillante passion.

Zuthologue ou biérologue ?

O n nomme le spécialiste de la dégustation des vins œnologue, mot composé des éléments grecs *oen* ou *oeno*, signifiant vin et du suffixe *logue*, provenant de *logia* signifiant théorie, ainsi que de *logos* signifiant discours. Si nous respectons cette logique, son homologue biérologue devrait se nommer zuthologue, en utilisant le mot grec *zuthos*, signifiant bière. Je préfère le mot biérologue, qui est beaucoup plus clair...

Du plus profond de mon calice jovial et complice, je souhaite les remercier.

Je remercie particulièrement mes confrères de plume : Claude Boivin, Christian Deglas, Jean-Claude Colin, et Laurent Mousson, pour leur implication dans la révision et la rédaction de plusieurs sections de ce livre.

Je remercie pour leur contribution photographique exceptionnelle : Alain Dumont, Alain Geoffroy, Brigitte D'Eer, François Devos, Ginette Grenier, Ilkka Sysilä, Ines Gálikova, Jean-Claude Colin, Jean-François Gravel, John Gauntner, Joyce Pierce, Kris Stuyck, Lorne Romano, Margo Pollock, Michel Cusson, Olivier Anciaux, Olivier Leguay, Pierre Rajotte, Raymond Duyck, Rémi Parenteau, Richard Leduc, Stephen Beaumont, et la compagnie Durobor.

Je voyage et déguste rarement seul. La plupart du temps, mon compagnon se nomme Alain Geoffroy. À l'occasion, son nom est Steven Beaumont, Christian Morin, Luc Bourbonnière, Louis-Michel Carpentier, Alain DiBenedeto, Jacques Bottenamme, Gilbert Delos. De temps à autre, un passionné se joint à nous, Marc-Alexandre, Anne-Marie Parent, Jean Sauvageau, Jean-François Gravel,

Marc Bélanger, Isabelle Lacroix, Michel Cusson, Léon Gagnon, et j'en oublie. Ces troubadours m'ont permis de jouir de leurs observations, d'enrichir les miennes, et surtout de confirmer une fois de plus que la bière est une boisson conviviale et fraternelle. Peu importe qui m'accompagne, Michael Jackson, celui qui le premier a tracé les sentiers de la découverte des bières, est toujours présent. Je ne quitte jamais sans lui : je prépare mes voyages en consultant ses livres ou son site Internet **http://www.beerhunter.com**

Merci beaucoup,

Mario

Je dédie ce livre à Brigitte